AF284616

Ukraine lieben lernen

Der perfekte Reiseführer für einen unvergesslichen Aufenthalt in der Ukraine - inkl. Insider-Tipps

Paula Schultz

INHALT

Das erwartet Sie in diesem Buch

Die atemberaubende Hauptstadt der Ukraine lebt seit der Gründung zwischen dem 5. und 6. Jahrhundert von der Abwechslung. Kiew ist eine zweisprachige Stadt, die sowohl Russisch als auch Ukrainisch beherrscht. Sie liegt am Dnjepr, der unter neun Brücken die Stadt quert. Die Stadt wurde mehrmals zerstört und wiederaufgebaut. Sie ist schön durch die Vielfalt der verschiedenen Arten von Sehenswürdigkeiten, Aufbau und Modernität. Durch dieses Buch bekommen Sie einen Einblick in die Historie und Eigenart der Kultur, einige sehenswürdige Plätze sowie historische Denkmäler von Kiew.

Nicht zu vergessen ist der zentrale und historische Platz der Unabhängigkeit, der Maidan. Nach all den Revolutionen und Protesten ist der Maidan mit kleinen Andenken übersät.

Sie wollen etwas Alternatives erleben? Dann werden wir uns in die kulinarischen Künste der ukrainischen Kultur und den Aberglauben vertiefen sowie einige spannende Geschichten über ukrainische Traditionen und generationsübergreifende Eigenarten der ukrainischen Bevölkerung erfahren. Zweifelsohne bekommen Sie zum Ende auch noch einige Tipps für interessanten Zeitvertreib in der großen und traumhaften Hauptstadt der Ukraine.

Die Hauptstadt Kiew bietet Ihnen unzählige Agenturen, die für Sie passende Angebote für eine Übernachtungsmöglichkeit erstellen werden, sowie Privatwohnungen als Kurzzeitunterkünfte. Anspruchsvolle Hotels gibt es auch in der Metropole mit einer Übernachtungssteuer in Höhe von nur 1 %.

Vergessen Sie auf keinen Fall Ihre Papiere, Versicherungen, Impfungen und Bargeld oder EC-

Karte. Wechseln Sie Ihr Geld in die ukrainische Währung „Hrywnja" am besten in Kiew, da der Kurs vor Ort meist besser ist. Haben Sie all das bedacht? Dann können Sie mit der wahnsinnig schönen und vor allem historischen und kreativen Reise nach Kiew beginnen.

Historische Se- henswürdigkeiten

DENKMAL FÜR DIE KIEWER STADTGRÜNDER

Das Denkmal für die Kiewer Stadtgründer ist ein wichtiges und historisches Symbol der Hauptstadt. Das Wahrzeichen wurde im Jahr 1982 zum 1500-jährigen Jubiläum der Gründung von der Stadt „Kiew" eröffnet. Die Gründer von Kiew waren der Legende nach die Fürsten Kyi, Schtschek und Choryw, begleitet von ihrer bezaubernden Schwester Lybid. Die Geschwister gründeten die Stadt am rechten Ufer des Flusses Dnjepr und benannten sie zu Ehren ihres älteren Bruders Kiew. Er war der legendäre Prinz des Dnjepr. Natürlich wurden die anderen Geschwister Schtschek, Choryw und die Schwester Lybid nicht ohne jegliches Andenken gelassen. Nach den beiden jüngeren Brüdern Schtschek und Choryw sind zwei Hügel und nach der Schwester Lybid ein 17 km langes Fließgewässer in Kiew benannt.

Jungverheiratete gehen der ukrainischen Tradition nach, am Tag der Eheschließung das Denkmal zu besuchen und Lybid mit Blumen zu überschütten. Die Braut stellt sich mit dem Rücken zu ihr und wirft ihren Brautstrauß über den Kopf von Lybid. Dies soll Glück bringen und, so sagt das Volk, hält die Ehe ewig.

MUTTER-HEIMAT-STATUE

Nicht zu übersehen ist die Mutter-Heimat-Statue, die einzig und allein für sich spricht. Die gigantische Statue war die erste Produktion der massiven Größe in Zeiten der UdSSR. Sie wiegt laut Quellen 8.000 Tonnen und erreicht eine Höhe von insgesamt 62 Metern. Die gesamte Installation ist 102 Meter hoch. Die Skulptur wurde am 9. Mai 1981 fertig- und aufgestellt. Der Tag steht für die

Befreiung und das Ende des Zweiten Weltkriegs. Der Tag der Befreiung ist einer der wichtigsten, berührenden und herrlichsten Feiertage für die ehemaligen Länder der UdSSR. An diesem besonderen Feiertag werden die überlebenden Kriegsveteranen mit einem feierlichen Marsch und einer einzigartigen Parade geehrt.

Die Statue der Freiheit, die ihre Liebe zum Land und Aufopferung für den Sieg symbolisiert, zählt zu einer der höchsten Skulpturen der Welt und bietet Ihnen ein Panoramablick über die Hauptstadt Kiew. Für einen grandiosen Ausblick bietet es sich an, durch den Arm der Skulptur hinter das Schild mit dem Wappen der ehemaligen Sowjetunion durch einen Schacht auf eine vergitterte Aussichtsplattform zu gelangen. Selbstverständlich werden Sie hier durch ein Sicherungsseil von dort arbeitenden Spezialisten abgesichert.

Nicht nur die Aussicht auf die Stadt ist atemberaubend, sondern auch das Museum der Kriegstechnik in der Statue, dass sich auf drei Etagen befindet. Besucher berichten von dem Gefühl, den Krieg dann doch ganz nah spüren zu können. Panzer und Waffen aus dem Zweiten Weltkrieg stehen außerdem am Fuße der Statue. Somit bildet die Mutter-Heimat-Statue den Mittelpunkt einer Gedenkstätte zur Erinnerung an die historischen Ereignisse der damaligen Kriegszeit.

NATIONALMUSEUM FÜR DIE GE-SCHICHTE DER UKRAINE IM ZWEITEN WELTKRIEG

In einer der historischen Gegenden befindet sich die Gedenkstätte – das Nationalmuseum – für die Geschichte der Ukraine im Zweiten Weltkrieg. Das Museum hat mehr als 400.000 Exponate, verteilt auf 10 Hektar Fläche. Das Museum für die Geschichte der Ukraine im Zweiten Weltkrieg wird am liebsten mit der Mutter-Heimat-Statue in Verbindung gebracht und zählt zu einem der größten Museen in der Ukraine. Ihnen wird eine Exposition der Kriegsausrüstung in chronologischer Reihenfolge, die den Verlauf der Kampfhandlungen spiegelt, sowie die komplette Geschichte des Krieges aus den Jahren 1933 bis 1945 erstreckt. Die besondere, objektive Geschichte wird teils von einer Fotoausstellung der gefallenen Helden begleitet. Mit der dargestellten Symbolik ist die Gefühlsebene intensiv wahrzunehmen.

Ein schleichend emotionales Erlebnis ist die Veranschaulichung der Skulpturen entlang der Allee an den Unterführungen vorbei, besonders in abendlicher Beleuchtung. Dort befindet sich ebenso eine riesige Schale der ewigen Flamme, auch Feuer des Ruhmes genannt, die die feierliche Erinnerung an die gefallenen Helden und Freiheitskämpfer darstellt. Die Schale der ewigen Flamme hat einen Durchmesser von 16 Metern. Die berührende letzte Ausstellung, die Sie in dem großen Nationalmuseum vorfinden werden, sind die Namen von etwa 12.000 Helfern der ehemaligen Sowjetunion sowie tragender Personen der sozialistischen Arbeit auf Marmormasten mit Gold verewigt.

Das Museum für die Geschichte der Ukraine im Zweiten Weltkrieg bietet Ihnen die Besonderheit der Veranschaulichung konkreter menschlicher Schicksale, über Freude und Trauer, Krieg, gesehen und erlebt mit den Augen menschlicher Seelen. Das Museum scheint so besonders zu sein, dass sogar laut des Museumsdirektors VIP-Gäste, wie ausländische Delegationen und Präsidenten der europäischen Länder, die Ausstellung bereits mit großer Faszination besucht haben.

S O P H I E N K A T H E D R A L E

Dieses monumentale Bauwerk, welches Anfang des 11. Jahrhunderts erbaut, jedoch mehrfach über Jahrhunderte zerstört wieder auf-, um- und ausgebaut wurde, ist im Jahr 1990 zum Weltkulturerbe der UNESCO ernannt worden. Die Sophienkathedrale ist eine fünfschiffige, siebenkuppelige Kreuzkirche mit offener Galerie. Der Name der Heiligen Sophia zeigt die Kontinuität mit dem Zentrum der orthodoxen Welt. Sie ist außerdem ein Bauwerk europäisch-christlicher Kultur. Zudem ist die Kathedrale reich an Fresken, die Szenen aus der Bibel darstellen. Ein hohes Mosaik von etwa 6 Metern aus Stein- und Glasplatten in verschiedenen Farben und Schattierungen in etwa 177 Farbtönen ist in der Sophienkathedrale zusammengesetzt. Auf der zweiten Ebene der Kathedrale befinden sich bewundernswerte geschlitzte Schiefer-Brüstungen. Sie finden dort die Szenen aus der Kindheit von Jungfrau Maria, Taten der Apostel, Heiligenbilder, Szenen der Leiden Christi und vieles mehr.

In der Kathedrale fanden Thronbesteigungen der Kiewer Fürsten statt. Dies waren Zeremonien, als ein neuer Monarch oder Papst in sein Amt eingeführt wurde. Die Thronbesteigungen waren ein großes und wichtiges Ereignis des kulturellen sowie politischen Lebens der altrussischen Bevölkerung, die aus Weißrussen, Ukrainern und Russen bestand.

Zugleich war die Sophienkathedrale ein Bestattungsort der Kiewer Fürsten. Ein wichtiges Grabmal, der Sarg von Jaroslaw dem Weisen, ist bis heute in der Kathedrale erhalten. Beigesetzt wurde er im Jahre 1054 v. Chr. Vor Ort können über 100 Gräber gezählt und aufmerksam besichtigt werden.

In der Sophienkathedrale, die im Dezember 2018 zur neuen orthodoxen Kirche der Ukraine beschlossen wurde, können Sie ebenso ein Mosaik aus dem 11. Jahrhundert besichtigen. Außerdem säumt die wunderschöne, zentrale Kuppel, die mit Bögen und Säulen verziert ist, ein über 170 Farben umfassender Anstrich. Zugleich ist die große Figur der betenden Gottesmutter Maria am Eingangsbereich der Sophienkathedrale für Besucher sehr beeindruckend.

Eine weitere Möglichkeit, einen wunderschönen Blick auf den Sophienplatz und die ruhige

Umgebung in bezaubernder Abendbeleuchtung zu erhaschen, ist, auf die Aussichtsplattform des dortigen Glockenturms zu steigen. Diese bietet Ihnen eine tolle Rundum-Aussicht auf die große Hauptstadt Kiew. Auf dem Gelände der Kathedrale werden Sie auch nach ruhigen Plätzchen auf dort aufgestellten Bänken fündig.

MAIDAN NESALESCHNOSTI – PLATZ DER UNABHÄNGIGKEIT

Maidan Nesaleschnosti ist der zentrale und größte Platz Kiews, benannt nach der Verkündung der Unabhängigkeit der Ukraine im Jahr 1991. Der Platz liegt direkt am Boulevard Kreschtschatyk. Fünf Straßen gehen in die Altstadt Kiews ab. Ehemalig erstreckte sich auf dem Platz der Ziegensee, der bei der Neugestaltung des Platzes zugeschüttet wurde. Man baute die ersten Steingebäude Kiews. Hier haben die wichtigsten Ereignisse in der Geschichte in der Ukraine stattgefunden. Die Hauptstadt war das Zentrum der Bürgerproteste während des „Euromaidan", auch bekannt als „Revolution der Würde". Der Platz der Unabhängigkeit ist ein Ort der Symbolik und vermittelt Freude,

Trauer, Kampf und seit den jüngsten Ereignissen auch Tragik.

2004/2005 hat auf dem Platz der Unabhängigkeit eine Kampagne friedlicher Proteste, Kundgebungen und Streiks aufgrund der Verstöße und Wahlfälschungen bei Präsidentenwahlen stattgefunden. Das Ereignis wurde bekannt als die „Orange Revolution". Durch diese Bewegung konnte erreicht werden, dass die erste Stichwahl für ungültig befunden wurde und die Wahlen somit wiederholt wurden.

Des Weiteren fand in den Jahren 2013/2014 die Maidan Revolution statt. Die Revolution hat die Geschichte bewegt und begann, als der ehemalige Präsident Wiktor Janukowytsch sich gegen die Annäherung an Europa entschied. Er verweigerte seine Unterschrift unter das Assoziierungsabkommen, also den völkerrechtlichen Vertrag, mit der Europäischen Union. Somit hat das ukrainische Volk mit einem Protest sein Rücktritt gefordert. Die Proteste sind eskaliert, wobei mehrere 100 Protestanten beim Zusammenstoß mit polizeilichen Beamten ums Leben kamen und schwer verletzt wurden. Als der Präsident im Laufe der Maidan Revolution nach Russland floh, wurde er zunächst einheitlich abgewählt. Bis heute finden Sie auf dem Platz der Unabhängigkeit Installationen als Andenken an die bei den Revolten tragisch ums Leben gekommenen ukrainischen Bürger.

Der Platz der Unabhängigkeit ist außerdem durch seine Vielzahl an Denkmälern, Skulpturen und Fontänen interessant und einzigartig. Zudem werden Sie viele hübsche Blumenarrangements vorfinden können. Insgesamt sind ca. 14 Objekte auf dem Maidan zu finden. Einige davon sind neu installiert worden und einige werden zurzeit noch restauriert. In der Mitte des Platzes befindet sich ein Denkmal zu Ehren der Unabhängigkeit. Das Denkmal stellt eine hohe weiße Säule mit der Figur eines Mädchens in ukrainischer Pracht, die einen Kalynazweig über ihrem Kopf hält, dar. Diese Skulptur symbolisiert die Unabhängigkeit des Landes. Ebenso befindet sich auf dem Platz eine Fontäne mit der Statue der Kiewer Gründer.

Nicht zu vergessen: das Lyadsky-Tor. Das südöstliche Tor, dass zum ehemalig fürstlichen Teil der Stadt führt, die nun auch als Altstadt bekannt ist, wurde im Jahr 2001 mit der Figur des Erzengels Michael geschmückt. Vor dem Tor sind sechs kleine runde Brunnen und zwei

Glaskuppeln installiert. Seitdem trägt das Lyadsky-Tor eine besondere Bedeutung für das ukrainische Volk.

Unterirdisch befindet sich ein dreistöckiger
Glaspalast, ein Einkaufszentrum – „Der Globus".
Dort finden Sie eine Vielzahl an Geschäften, Cafés
und Restaurants zur Erholung. Die große Hauptstadt Kiew bietet Ihnen außerdem die außerge-
wöhnliche Möglichkeit an, an 7 Tagen die Woche
Ihre Einkäufe zu tätigen. Meist wird die Sommer-
saison von Livemusik, die von dem Platz der Unabhängigkeit herüberschallt, begleitet. Unzählige
Kleinkünstler, Musiker und Animateure präsentieren sich Ihnen auf dem Platz mit großer Freude.
Sonntags nutzen die Musiker und Straßenkünstler
die abgesperrten Straßen meist als ihre Bühne. Im
Mai 2017 wurde auf dem Unabhängigkeitsplatz
der Brunnenkomplex „Kleine und Große Schalen"
eröffnet. Von Mai bis September zeigt der Brunnen dank integrierter LED-Leuchten und Laut-
sprecher eine unvergessliche Licht- und Mu-
sikshow.

Der Maidan grenzt an 8 Straßen, inklusive der
Seitenstraße „Taras Schewtschenko", benannt
nach dem bedeutendsten ukrainischen Lyriker.

Außerdem ist dieser Platz reich an Konzerten, Feiertagsshows und Jahrmärkten. Einige Wochen vor dem Silvesterfeiertag wird sogar die größte Tanne in der Ukraine mitten auf dem Platz der Unabhängigkeit installiert.

KIEWER HÖHLENKLOSTER (LAWRA)

Das Kiewer Höhlenkloster ist ein Platz des Friedens, der Harmonie und Ruhe. Es ist eines der ältesten strenggläubigen Klöster, welches in zwei Ebenen auf ganzen 30 Hektar Fläche aufgebaut ist und über 70 Gebäude verfügt. Der Klosterkomplex ist ebenso seit 1990 Teil des UNESCO-Weltkulturerbes und wird nach Angaben von rund 1 Million Menschen jährlich besucht. Schon von Weitem werden Sie das Glitzern der Kirchentürme erkennen können. Direkt am Eingang sind beidseitig Antonij- und Feodossij-Brunnen zu sehen. Der Legende nach haben die Gründer des Klosters die dort bestehenden Brunnen selbst gegraben. In Zeiten der Sowjetunion wurde in dem Kiewer Höhlenkloster neben einem Museum für historische Juwelen auch eine historische Bibliothek der

Ukraine errichtet. Im Zweiten Weltkrieg wurde vieles ruiniert, doch konnte man einiges im Laufe der Jahre wiederherstellen und nachbilden. Hier werden heutzutage sehr berühmte und uralte Ikonen hingebracht, zum Beispiel die Ikone der Himmelfahrt.

Die untere Ebene (Untere Lawra) besteht zum größten Teil aus Mönchsklöstern und Höhlen von bis zu 313 Metern Länge. Besonders empfehlenswert ist der Besuch in der Unteren Lawra. Die Höhlen sind zwar künstlich geschaffen, doch die wertvollsten Schätze des Kiewer Höhlenklosters befinden sich im Untergrund in einer Tiefe von 5 bis 15 Metern. Genau dort ließ sich vor tausend Jahren der Gründer des Klosters, Mönch Anthony, nieder. In den Höhlen befinden sich außerdem Weihwasserquellen. Hier versuchen sich die Mönche, durch ihre Gebete Gott zu nähern. Die Höhlen wurden auch als Bestattungsort für verstorbene Mönche genutzt. Somit zeichnet sich die untere Ebene, also die untere Lawra als sehr sehenswert aus. In den sechs Höhlenkirchen werden täglich am frühen Morgen, meist gegen um 5 Uhr, Gottesdienste gehalten. Mit der Gründung der unterirdischen Tunnel, also Höhlen, sind viele

literarische Geschichten entstanden, doch fest-
steht, dass sie ihren Zweck zur Meditation erfüll-
ten. Am Höhleneingang können Sie sich eine
Kerze erwerben, die perfekt dafür geeignet ist, um
die Stufen, die bis zu 20 Meter in die tiefen Höhlen
führen, besser erkennen zu können. Aus religiösem Respekt darf man in den Höhlen nicht foto-
grafieren und auch nicht laut sprechen.

Die obere Ebene (Obere Lawra) ist ein histo-
risch-kultureller Komplex. Das Kiewer Höhlenkloster enthält viele kulturelle und bedeutsame
Kirchen, Klöstern und Museen, ebenso wie
Mönchhöhlen, die einen historischen Mittelpunkt
des Höhlenklosters bilden. Hier befinden sich 14
Tempel, Mönchskloster, 7 sehr interessante Museen und eine der ersten russischen Druckereien
aus der früheren Zeit. Die Tempel sind teils noch
aus dem 11. Jahrhundert erhalten. Die Hügelland-
schaft sowie die großzügigen Grünflächen sind
sehr reizvoll. Außerdem befindet sich in der Oberen Lawra ein beeindruckender, über 96 Meter ho-
her Glockenturm, der zu den größten Glockentür-
men in der gesamten Ukraine zählt. Zudem ist der
Besuch in dem sich in der Nähe des Turms befin-
denden   Mikrominiaturmuseum   sehr

empfehlenswert. Dort können Sie unter einem Mikroskop das kleinste Buch der Welt, das kleinste Schachspiel sowie Porträts berühmter Personen wie Lenin bewundern. In der Oberen Lawra befinden sich außerdem ein Ausstellungssaal, ein tolles Café, in dem Sie sich niederlassen können, und zahlreiche faszinierende Museen.

Im Vergleich zu anderen Klöstern beschäftigten und wohnten im Höhlenkloster auch berühmte Personen, wie z. B. Künstler, Wissenschaftler oder Architekten. Es gab auch ein Obdachlosenheim, Schulen und ein Krankenhaus. Sie werden darüber hinaus ungewöhnliche Blumenbeete auf dem Gelände des Kiewer Höhlenklosters vorfinden sowie einen wunderschönen Aussichtsplatz, wo Sie das linke Ufer des ukrainischen bekannten Flusses Dnjepr betrachten können. Ferner haben Sie die Möglichkeit, Ikonen und andere kirchliche Dinge zu erwerben. Das Höhlenkloster bietet Ihnen zudem den Erwerb von Leckereien, zum Beispiel Honiglebkuchen mit der Abbildung des Klosters, welches sich sehr als Geschenk eignet. Es ist lohnend, durch den Park zum Kloster zu gehen, da Sie somit die Denkmäler für den unbekannten Soldaten und die Opfer der Hungersnot gleich besichtigen können. Für den Besuch auf dem Platz des Kiewer Höhlenklosters ist es ratsam, mindestens einen halben Tag einzuplanen, da die Führung eine deutlich längere Zeit in den Anspruch nimmt, vor allem, wenn Sie die Miniaturausstellung in vollen Zügen genießen möchten.

Verkehrs-anbindung

METRO – U-BAHN

Die Kiewer Metrostation „Arsenalna" ist die tiefste Bahnstation der Welt. Der Abstand zwischen der Plattform und der Oberfläche beträgt unglaubliche 105 Meter. Die U-Bahn-Station wurde im Jahr 1960 eröffnet und befindet sich zwischen den Stationen „Dnjepr" und „Kreschtschatyk", die ebenso sehr sehenswert sind. Sie wurde nach der großen Produktionsanlage „Arsenal" benannt und ist eine der ersten U-Bahn-Stationen, die in der Hauptstadt errichtet wurde. In der Nähe des Höhlenklosters ist die Metro-Station für Sie erreichbar. Nicht nur die

Abstände sind faszinierend, sondern auch die ungewöhnliche Breite von knapp 20 Metern von der Plattform und ihre Länge von 100 Metern.

Werden Sie einer von ca. 26.000 Fahrgästen, die täglich die Station mit sehenswerten Kompositionen von Zeichnungen aus 11 Fliesentypen nutzen. Die verwendeten Kompositionen sind mit der Architektur der Nachkriegszeit verbunden. Von der Seite der zentralen Halle und den Plattformen auf den Pylonen werden Sie Majolika-Einsätze mit komplexen Blumenornamenten, die auf ukrainischen Teppichornamenten basieren, vorfinden. Die Majolika ist zweifarbig. Eine Variante ist mit einem roten Hintergrund und heller Zeichnung (diese befindet sich im zentralen Saal) und die andere mit einem silbernen Hintergrund und dunkler Zeichnung (befindet sich in den Seitenhallen).

Innerhalb der Metro können Sie in zwei Rolltreppenabschnitten zu mehreren Plattformen, die in englischer Bauart gestaltet sind, in die tieferen Etagen gelangen. Zuerst gelangen Sie nach einer 46 Meter langen Rolltreppe in die unterirdische Lobby, die eine mit einem separaten Durchgang gekoppelte Plattform besitzt. Danach führt eine weitere 55 Meter lange Rolltreppe zu einer zweiten Plattform und den Bahnsteigen, von denen Sie in die Metrowagen selbst gelangen können.

Der Boden in der zentralen Halle besteht aus grauem Granit in verschiedenen Farben und der Saal der Metro-Station verfügt über ein Relikt der stalinistischen Architektur mit komplexen Bronzelampen mit kugelförmigen Lampenschirmen. Die Sitzbänke sind aus weißem und rosa Marmor gebaut. Außerdem befinden sich auf den Traufen Einsteckzeichnungen aus Sonnenblumen- und Maismotiven, die deutlich durch eine oberflächliche Beleuchtung erkennbar sind. Die kreativen Traufen bestehen aus zu Bronze eloxierten Aluminiumgussteilen.

DRAHTSEILBAHN, BUS, STRA-ßENBAHN, TROLLEY, TAXI

Funicular – Standseilbahn
Eine der ersten Standseilbahnen und wichtigsten Symbole im ehemaligen Russischen Reich wurde im Jahr 1905 in der Metropole Kiew eröffnet. Die Standseilbahn verläuft entlang des steilen Abhangs von Vladimirskaya Gorka und verbindet

zwei Teile der Stadt mit der Oberstadt. Sie wird mithilfe der Kabelzugkraft fortbewegt. In der Lobby finden Sie ein schönes Mosaik. In nur wenigen Minuten bietet sich Ihnen eine schöne Aussicht von der Strandpromenade des Dnjepr bis zur St.-Michael-Kathedrale mit Aussicht auf die goldhaarige Sophia. Wenn Sie Glück haben und in die erste Kabine einsteigen können, erscheint Ihnen während des Aufstiegs eine ungewöhnlich schöne Landschaft vor Ihren Augen – der Fluss, das linke Ufer, die Dächer von Podil (eines der ältesten Stadtviertel in Kiew), die Wolkenkratzer, Obolon (historisches Gebiet im Norden von Kiew). Wenn Sie sich dazu entschließen, abends zu fahren, werden Sie die wunderschön leuchtende Promenade von Kiew erblicken können.

Bus

Das ukrainische weit ausgebaute Busnetz ist seit 1925 im Betrieb und hat über 75 Tagesrouten und 1 Nachtroute. Der Netzplan ist für jeden an den Bushaltestellen zugänglich. Für die Fahrt mit dem Bus bietet sich Ihnen ein Einmal-Ticket oder ein Ticket für die Dauer Ihres Aufenthalts an. Das

Einmal-Ticket können Sie an Bushaltestellen, an Fahrkartenautomaten oder in der Kabine des Schaffners oder Fahrers erwerben. Tickets für die Dauer eines Monats oder einer Monatshälfte können an den Fahrkartenautomaten, die auch in englischer Sprache bedient werden können, erworben werden.

Straßenbahn

Die Kiewer Straßenbahn mit ihrem tiefen historischen Hintergrund wurde im Jahr 1892 eröffnet und war damit die erste im Russischen Reich. Sie gehört zu dem großen Netz der öffentlichen Verkehrsmittel in der Hauptstadt Kiew und ist ebenso eines der wichtigsten Verkehrsmittel. Zu Zeiten der UdSSR wurde genau im Jahr 1978 die erste Stadtbahnlinie eröffnet. So wurde die Straßenbahn zur ersten Vertreterin der Art des öffentlichen Verkehrsmittels. In Zeiten vor der Revolution und in der Vorkriegszeit entwickelte sich das Straßenbahnnetz sehr rasant und sie stand in Bezug auf die Netzentwicklung an erster Stelle. Heute werden Sie mit der Straßenbahn an sämtliche historischen Orte Kiews ohne Probleme gelangen.

Trolley

Das größte Trolleybus-Netz der Welt, in Bezug auf die Linienlänge, und das größte Netz der Ukraine, in Bezug auf die Anzahl der Fahrzeuge, befindet sich ebenso in Kiew. Das Trolleybus-Netz verfügt über 47 Tagesrouten und 4 Nachtrouten mit einem knapp 500 km umfassenden Netz und ca. 614 Fahrzeugen. Täglich befindet sich etwa die Hälfte im laufenden Einsatz. Der Trolleybus wird auch anders Oberleitungsbus genannt und ist bereits in sämtlichen Ortschaften der Ukraine auffindbar. Das in dem Oberleitungsbus beim Schaffner oder Fahrer erworbene Ticket muss sofort validiert werden. Dies wird in dem Oberleitungsbus durch eine Kompostermarke vorn beim Einstieg erledigt. Hat das Ticket keine Kompostermarke, gilt dieses als ungültig. Mit der Nichterfüllung der Voraussetzung der Gültigkeit des Fahrtickets wurden höhere Geldstrafen für Schwarzfahrer eingeführt, also gilt in dem Sinne Vorsicht.

Taxi (Young Driver)

Eine Taxifahrt in Kiew zu erhalten, ist nicht besonders kompliziert. Doch gibt es auch ein wunderbares Taxiunternehmen „Young Driver", dass

Ihnen ermöglicht, an einen englischsprachigen Taxifahrer zu gelangen. Das Unternehmen bietet Ihnen im Netz die Möglichkeit, ein solches Taxi telefonisch zu bestellen, oder auch eine App, mit der Sie mit Leichtigkeit eine Bestellung machen können. Ihnen wird anschließend der Name, das Kennzeichen und die Automarke sowie die Ankunftszeit des Fahrzeugs an Ihren Aufenthaltsort mitgeteilt. Das Taxi zählt zu den qualitativen und hochwertigen Dienstleistungen unter den Verkehrsmöglichkeiten. Die Fahrer des Taxiunternehmens „Young Driver" werden sorgfältig ausgesucht und geschult. Darüber hinaus können Ihnen die Fahrer beim Einchecken in ein Hotel und bei der Organisation von Besichtigungen der Sehenswürdigkeiten als Dolmetscher dienen. Außerdem verfügen die Taxifahrer über Wissen der alten und modernen Geschichte von Kiew und würden Sie selbstverständlich zu den sehenswürdigen Objekten begleiten und unter Umständen auch eine Stadtführung anbieten, natürlich zum guten Preis. Da es in Kiew selten Taxameter gibt, wird empfohlen, beim Einsteigen in das normale alltägliche Taxi direkt einen festen Fahrpreis mit dem Taxifahrer zu vereinbaren.

Die drei besten Restaurants

KHUTORETS NA DNEPRE

Im Jahr 1998 wurde das Restaurant „Khutorets" am Ufer des ukrainischen Flusses Dnjepr eröffnet. Das Khutorets bietet Ihnen sonnige Plätze auf der ungewöhnlichen Terrasse direkt am Wasser mit einem ruhigen und bezaubernden Blick auf das Ufer des Dnjepr. Das Restaurant befindet sich unmittelbar an dem Kiewer Höhlenkloster. Mittlerweile ist es eines der beliebtesten Restaurants in Kiew. Es bietet Ihnen die leckersten und ungewöhnlichsten ukrainischen Gerichte an. Selbstverständlich auch das Nationalgericht „Salo" (Speck in verschiedenen Variationen) und die ukrainische Lieblingssuppe „Borschtsch". Die gastfreundliche mehrsprachige Bedienung bietet ihren Kunden typische Aperitifs im Vorfeld an. Serviert werden die Speisen in typisch ukrainischem Stil nach der alternativen und klassischen Zubereitung. Empfehlenswert ist auch der „Kiewer Kuchen". Er eignet sich sehr als alternativer Nachtisch.

Das Khutorets schuf einen einzigartigen Wodka-Raum mit mehr als 80 Wodka-Sorten aus der gesamten Ukraine. Mit dem Sommeranfang eröffnet das Restaurant Khutorets die Saison der Spaziergänge entlang des Dnjepr und bootet die Gäste, damit sie gleichzeitig köstliche ukrainische Gerichte probieren und die Aussicht auf die Hauptstadt Kiew genießen können. Zudem finden jedes Wochenende Unterhaltungsprogramme mit Animatoren in dem Restaurant statt. Das Restaurant ist sehr beliebt, daher wird Ihnen herzlich empfohlen, sich einige Stunden vor Ihrem gewünschten Aufenthalt in Khutorets einen Tisch persönlich oder auch telefonisch zu reservieren.

BLINOFF

Das Restaurant „Blinoff" ist seit dem Jahr 2012 zur Restaurantkette in der gesamten Ukraine geworden und damit in unzähligen Städten der Ukraine auffindbar. Für Kinder ist Blinoff ein Unterhaltungsort, dass sogar über ein kreatives Kindermenü verfügt. Das Restaurant bietet Ihnen eigenes Gebäck und eine große Auswahl an Milchbrei in verschiedenen Variationen an. Markenleckereien sind Pfannkuchen, wie der Name des Restaurants schon verrät, die wahlweise mit Fleisch, Käse, Fisch, Gemüse sowie Honig und Marmelade zubereitet und serviert werden. Blinoff bietet Ihnen außerdem alle Bestellungen zum Mitnehmen an. Die Atmosphäre in Blinoff ist eher häuslich und eignet sich gut für die Auszeiten von einem anstrengenden Tag.

PERVAK

Pervak ist ein besonderes und abwechslungsreiches Restaurant mit 8 verschiedenen Sälen und einer sehenswerten Außenfassade. Ihr Besuch dort wird lohnend sein, da die Räumlichkeiten sehr speziell und abwechslungsreich eingerichtet sind. Die Kellner stellen Ihnen die verschiedenen Säle vor und begrüßen Sie mit einem Glas „Nastojka", einem ukrainischen alkoholischen Getränk wahlweise mit Beeren, Früchten oder Kräutern. Die Speisekarte zeigt auch die besten Traditionen verschiedener ukrainischer Geschichte. Natürlich kann man auch noch Borschtsch, „Wareniki" (traditionelle ukrainische Teigtaschen), Speck und besondere Fleischbällchen verzehren. Jedes neue Gericht wird dem täglichen, kontinuierlichen Prozess der Qualitätskontrolle durch den Restaurantmanager unterzogen.

Einer der Säle trägt den Namen „Trinkapotheke". Dort erwarten Sie originelle Stühle in Pferdeform und Cowboyfeeling sowie ein Trank mit 18 Kräutern. Der Raum vermittelt mit seiner Atmosphäre ein Gefühl der Leichtigkeit und Freiheit. Die Trinkapotheke eignet sich eher für eine gemütliche oder auch feierliche Auszeit mit Freunden.

Die „Provinz" wird Ihnen empfohlen, wenn Sie eher Zeit zu zweit verbringen möchten. Dies ist ein romantischer Saal mit insgesamt 3 Tischen in Wagenform. Umgeben von Kerzenlicht und romantischer Atmosphäre werden Ihnen hier Ihre Gerichte von charmanten Kellnern serviert.

Die „Bibliothek" und das „Alte Lviv", die nach der alten westlichen ukrainischen Stadt eingerichtet sind, bieten Ihnen die tolle Möglichkeit, ein Bankett auf höchstem Niveau zu genießen. Die „Bibliothek" ist mit antiken Büchern, Fotografien, Gemälde und einem funktionierenden Kamin ausgestattet. In der kalten Jahreszeit wärmt er die Gäste und knistert im ruhigen und angenehmen Rhythmus.

Der „Kreschtschatyk" ist durch eine Wendeltreppe, die mit mehreren echten Stufen, die aus dem Jahre 1902 erhalten sind, in zwei Räume geteilt. Dekorationen finden sich hier in Form von Pflanzen, antiken Details und einem alten, aber funktionierenden Klavier, welches ab und an von Animateuren genutzt wird. Die Räume erinnern durch Ihre Gestaltung eher an den richtigen Kreschtschatyk. Wie in einer richtigen, offenen Galerie können Sie hier, umgeben von Retro-Fotografien und allerlei Nostalgie wie einem Grammofon, auf die untere Etage des Restaurants blicken.

Der Saal „Basarabka" ist ein besonderer Raum. Bekannt ist er, seitdem dort Ende des 18.

Jahrhunderts in „Basarabka" eine mächtige Wasserquelle entdeckt wurde, dann dort ein Pool gebaut wurde und schließlich ein Basar entstand. Etwa so können Sie sich auch diesen Saal vorstellen, der den gleichnamigen Markt „Basarabka" nachahmt. Dieser zieht das Auge mit seinen unzähligen Leckereien an, die das Restaurant an Wochentagen anbietet. Es gibt auch eine Salatbar, in der Sie während des Mittagessens eine unbegrenzte Anzahl verschiedener, traditioneller ukrainischer Salate genießen können. In diesem Saal wird abends meist Livemusik gespielt, die nach ein paar Gläsern „Nastojka" die Gäste zum fröhlichen Tanzen anregt.

Abschließend können Sie in einem Souvenirgeschäft am Ausgang von Pervak eine Flasche „Nastojka" oder andere Getränke, handgemachte nationale Strickereien oder andere ukrainische Souvenirs erwerben. Beim Verlassen von Pervak werden alle Gäste sicherlich auf einen traditionellen ukrainischen Wodka von dem Personal des Restaurants eingeladen.

Sightseeing-Tipps

P O R O S C H E N K O S   R E S I D E N Z

Fünf Jahre lang war Petro Poroschenko Präsident der Ukraine. Seine politische Karriere begann im Jahr 1990. Anfang der 2000er hat er seine eigene Fraktion namens „Solidarität" gegründet, später auch eine Partei, benannt nach der Fraktion. Durch den „Maidan Protest" in den Jahren 2013/2014 verlor Poroschenko im Jahr 2019 endgültig seinen Posten als Präsident der Ukraine.

Laut elektronischer Deklaration des Präsidenten im Jahr 2018 besitzt er eine eigene Wohnung, ein Grundstück und ein Luxushaus mit einer Gesamtfläche von insgesamt 1331,70 Quadratkilometern. Alles befindet sich im Elitedorf Kozin in der Nähe von Kiew. Die Fahrtstrecke zu seinem

Grundstück beträgt von der Innenstadt in Kiew etwa 20 Minuten. Seine Residenz befindet sich seit Mai 2017 unter dinglichem Arrest und ist zu einer Art Sehenswürdigkeit für Besucher geworden. Sie können auch an dem Angebot der mehrsprachigen Führung durch seine Residenz teilnehmen.

Die Architektur seiner Villa ähnelt der Architektur des Weißen Hauses in den USA. Auf dem Gelände befindet sich neben der riesigen zweistöckigen weißen Villa von Poroschenko ein weiteres, jedoch kleineres Gebäude. Darüber hinaus gibt es auf dem Territorium ein Cottage, ein Badehaus sowie zwei Pavillons, die in der Nähe des eigenen Strandes errichtet wurden. Ermittlungen haben ergeben, dass er für 50 Jahre ein Grundstück am Fluss mit einer Fläche von 0,75 Hektar pachtete. Er hat das Grundstück mit einem durchgängigen Zaun eingezäunt, der mit seinem Namen versehen ist. Dadurch haben die Bewohner von Kozin keinen freien Zugang vom Bereich zum Fluss erlangen können.

Einer der schwierigsten Komplexe beinhaltet einen Zoo, eine Farm, einen Kinosaal und bietet die einzige Zufluchtsstätte für Schwäne sowie für Streuner, wie Hunde und Katzen. Auch eine eigene Kirche in himmlischem Blau ließ sich der ehemalige Präsident auf seinem Grundstück bauen. Derzeit arbeiten hier 250 Menschen, die zur Hälfte schon zu der Amtszeit von Petro Poroschenko für ihn tätig waren. Auf dem Gelände wurden zudem mehrere Seen entdeckt. An einem dieser Seen befindet sich hinter einer Glasveranda sogar ein riesiger Whirlpool.

In Poroschenkos privater Galerie in der großen Villa befinden sich etwa 50 Gemälde, darunter eine weitere Sammlung von Gemälden ukrainischer moderner und bekannter Künstler des 20. Jahrhunderts. Die Einrichtungsgegenstände sind überwiegend aus Marmor, Gold und Edelholz hergestellt. Das Eigentum des ehemaligen Präsidenten Petro Poroschenko ist ca. 10 Milliarden Hrywnja (ca. 338 Millionen Euro nach aktuellem Kurs) wert. Das riesige Grundstück mit unvorstellbarem Wert ist aktuell ein sehr beliebter Ort für Touristen und sehr empfehlenswert ist eine Rundführung bei gutem Wetter über das gesamte Gelände.

Petro Poroschenko ist außerdem Eigentümer von drei Wohnungen in Kiew mit Gesamtwohnflächen von 134,06 m², 82,15 m² und 68,20 m², wie Ermittlungen ergaben. Eine weitere Immobilie mit einer Fläche von 80 Quadratmetern ist auf seine Ehefrau Marina verzeichnet. Die Familie besitzt mehrere Grundstücke mit einer Gesamtfläche von fast 5,5 Hektar und, wie sich nach langer Zeit herausstellte, auch noch eine größere Villa in Spanien.

ANDERE SEHENSWÜRDIGKEITEN

Park der Ewigen Herrlichkeit
Der Park der Ewigen Herrlichkeit befindet sich in der Nähe der Metro-Station „Arsenalna" und ist einer der besten Hochlandparks in der großen Hauptstadt Kiew. Er beinhaltet neben diesem auch das Denkmal der ewigen Herrlichkeit mit einem Denkmal auf dem Grab des unbekannten Soldaten, das Denkmal für die Opfer der Hungersnot und eine Gasse von Helden des Zweiten Weltkriegs. Die Fläche des Parks beträgt laut Angaben ganze 18,37 Hektar und besteht aus zwei kunstvoll miteinander verbundenen Teilen. Das obere Plateau ist mit unzähligen Bäumen und Strauchpflanzen bepflanzt, von dessen Rand sich ein Panoramablick über den Fluss Dnjepr und dessen linkes Ufer eröffnet. Ein breiter Boden mit Rasenflächen

an den Dnjepr-Hängen, die durch gewundene Treppen zur unteren Promenade umrissen sind und durch die Kulisse der Bäume von Dnjepr-Abstieg getrennt, ist ebenfalls in einem breiten Blickwinkel erkennbar.

Der nördliche Bereich des Parks ist in einen Gedenkbereich und eine Ruhezone, z. B. für Spaziergänge unterteilt. Der Gedenkteil hat einen strahlenden Planungscharakter von drei zusammenlaufenden Gassen, die zum Haupteingang des großen Parks führen. Ergänzt wird es durch geschwungene Wege, insbesondere mit drei abgerundeten Aussichtsplattformen am Rand des Plateaus. Beide Teile des Parks sind reichlich bepflanzt und landschaftlich gestaltet. Außerdem sind die Wege mit Pflastersteinen aus grauem Granitstein ausgelegt.

Der südliche Bereich des Parks hat eine freie Platzierung von Bäumen und Sträuchern und die Wege sind mit modernen Pflasterelementen beschmückt. Hier stehen für Sie außerdem außergewöhnlich halbkreisförmige Bänke zum Ausruhen bereit. Zudem ist der Park mit Spielplätzen für Kinder ausgestattet. Empfohlen wird, den Besuch in den Park mit einem Ausflug zum Kiewer

Höhlenkloster zu kombinieren, da dieser sich in unmittelbarer Nähe des Parks der Ewigen Herrlichkeit befindet, ca. 10 bis 15 Minuten Fußmarsch entfernt.

St.-Andreas-Kirche / Andreassteig

Die St.-Andreas-Kirche befindet sich auf einer der ältesten Straßen Kiews am Anfang des zentralen Andreassteigs. Dieses imposante Bauwerk zählt zu einem der ukrainischen Meisterwerke der Baukunst des 18. Jahrhunderts und ist sogar seit 2009 als nominierte Weltkulturerbestätte eingetragen. Der Legende nach soll der Apostel Andreas im ersten Jahrhundert nach Chr. den bekannten ukrainischen Fluss entlang bis zu den Hügeln der Hauptstadt Kiew gekommen sein und hier den ersten Stein gelegt haben. Der Hügel wurde nach ihm benannt. Zur heutigen Zeit steht an dieser Stelle die nach ihm genannte St.-Andreas-Kirche. Heute ist die Kirche ein Bestandteil des nationalen Denkmalschutzgebiets.

Die 60 Meter hohe Kirche erinnert mit ihren kleinen Säulen und Kuppeln ein wenig an eine Moschee. Der Architekt der Kirche ließ sich von einigen Ideen eines deutschen Architekten inspirieren und so erhielt die Barockkirche nach der kulturellen Bautradition eine 46 Meter hohe Zentralkuppel, die mit Fenstern ausgestattet war, sowie zart gebaute weiße Seitentürmchen. Ein Zwiebeldach mit einem Kreuz auf einer vergoldeten Kugel krönt die Kuppel der Kirche. Die elegante, smaragdgrüne Fassade, die goldenen Kuppeln und die elegante Form der Kirche treten plastisch hervor. Wegen ihrer Leichtigkeit wird die St.-Andreas-Kirche auch die „fliegende Kirche" genannt.

Hier befinden sich ebenso unterhalb der Kirche ein Priesterseminar und Priestergemächer. Das Dach des unteren Baus, also der Kirche, stellt eine Terrassenplattform dar, die von einer Balustrade umgeben ist. Auf den vergoldeten Giebelkartuschen der St.-Andreas-Kirche werden Sie das Monogramm „E. P." der Zarin Elisabeth Petrowna, die den Auftrag zum Bau der Kirche erteilte, erkennen können. Die glänzende Dekoration der Innenräume dauerte 15 Jahre. Sie werden durch eine majestätische gusseiserne Treppe zum Kircheneingang hinaufgeführt. Die Kirche hat unglaublich bemalte Kuppelgewölbe, Schnitzereien, Malereien, Girlanden und verzierte Wände, die Sie zum

Staunen bringen werden. Ein besonderes und wichtiges Merkmal ist die deutlich erkennbare Ikonostase, die reich vergoldet ist, mit himbeerrotem Hintergrund. Diese trennt die Verehrungsstätte von den übrigen Räumen der Kirche. In der St.-Andreas-Kirche werden Sie viele sehenswerte Details finden können, die die Kirche besonders machen.

Der Andreassteig ist die bekannteste Straße nach dem Kreschtschatyk. Sie ist reich an alten Gebäuden sowie ansässiger Künstlerszene. Der 750 Meter lange Andreassteig liegt am rechten Ufer des Flusses Dnjepr und verläuft den Hügel hinauf bis zur Kiewer Oberstadt. Leicht zu erkennen, werden für Sie die Souvenir- und Verkaufsstände entlang des Andreassteigs sein. Hier lebten und wirkten viele berühmte Persönlichkeiten, wie Vertreter der Kultur, Wissenschaft, Komponisten, Bildhauer, Schriftsteller und viele andere. Zudem ist es lohnend, beim Entlangspazieren der Straße das Gedenkhaus-Museum des berühmten Schriftstellers M. Bulgakow zu besuchen. Die Besucher berichten von einer mythischen und fantastischen Atmosphäre in dem Museum.

Marienpalast und Marienpark

Am rechten Ufer des Flusses Dnjepr liegt in unmittelbarer Nähe des ukrainischen Parlaments der
Marienpalast mit seinem märchenhaften Marienpark. Im Jahr 1744 hat Kaiserin Elisabeth den Bau
des Palastes in Auftrag gegeben. Zu jener Zeit hat
der berühmteste Architekt Russlands diesen ent-
worfen. Einige Jahre später wurde dieser zusam-
mengestellt von einer Gruppe anderer Architekten sowie dem Schüler des berühmten Architekten
Russlands. Doch die erste Persönlichkeit, die den
Palast nach seiner Fertigstellung betrat, war Ka-
tharina die Große, die im frühen Jahr 1787 die
Hauptstadt Kiew besuchte. Die Kaiserin Elisabeth
war zu diesem Zeitpunkt bereits verstorben. Zwischen dem 18. und dem 19. Jahrhundert war der
Palast ein Sitz des Generalgouverneurs aus dem
Russischen Reich. Durch mehrere Beschädigungen des Palastes aufgrund verschiedener Ereignisse und Angriffe sowie Brände hat die Zarin Maria Aleksandrowna im Jahre 1868 die Restauration
des Marienpalastes angeordnet. Auf den Wunsch
hin wurde ebenso nördlich der Fassade des Palastes ein mächtiger Park im wunderschönen Stil der
englischen Gärten, der Sie ins Wohlbefinden

bringt, eingerichtet. Nach der Zarin wurden der Park sowie der Palast benannt. Später, während des Zweiten Weltkriegs, wurde der Palast aufgrund schwerer Bombenangriffe durch die deutschen Soldaten auf die Stadt schwer beschädigt und erst zum Ende der 40er-Jahre wiederaufgebaut. Der Marienpalast sowie das ukrainische Parlament, welches sich in unmittelbarer Nähe des Palastes befindet, stehen erhöht, oberhalb des Dnjepr.

Zur heutigen Zeit dient der Marienpalast als offizielle zeremonielle Residenz des ukrainischen Präsidenten. Gekrönt wird die linke Seite des Gebäudes von einer Glaskuppel, die Tageslicht für einen riesigen Sitzungssaal liefert. Hier wurde im Jahr 1991 die Unabhängigkeitserklärung bestätigt und 1996 die neue Verfassung gebilligt. Am Eingang der Südseite befindet sich ein Denkmal in Form einer roten Granitvase auf Marmor. Dies ist ein Denkmal für die bei der Oktoberrevolution im Jahr 1917 ums Leben gekommenen Personen. Am Haupteingang des Marienpalastes werden Sie vier Skulpturengruppen vorfinden, die die Vertreter des Volkes symbolisieren. Ebenso ist die Fassade mit Maskaronen und Ornamenten sehr reich geschmückt. Über dem Haupteingang werden Sie zwei Skulpturen, die Gnade und Gerechtigkeit symbolisieren, besichtigen können. In der Eingangshalle werden Sie eine feudale Marmortreppe in den Paradesaal besteigen können. In manchen Sälen des Marienpalastes ist teilweise erhalten gebliebene Wandmalerei zu bewundern. Die Parkettböden in dem Palast sind sehr edel. Zudem erwarten Sie Vergoldungen und Verzierungen, prachtvolle Möbel und Leuchten. Diese lassen die Säle elegant, aber dennoch prachtvoll erscheinen.

Das zweistöckige Hauptgebäude des Palastes und die Seitenflügel, denen ein schöner blauer und türkiser Anstrich verpasst wurde, bilden den Innenhof. Der Innenhof des Palastes bildet ein 9 Hektar großen Marienpark, der mit wunderschönen und unzähligen märchenhaften Denkmälern geschmückt ist. Ebenso zeichnet sich der Park als populärer Ort für Spaziergänge aus. Der Park beinhaltet die bekannte Brücke der Verliebten, an der die jungen Männer gern Ihre Initialen von sich und der Geliebten als Zeichen der ewigen Liebe hinterlassen. Unter anderem befinden sich auf dem Parkgelände das Puppentheater, der einzigartige gusseiserne Springbrunnen, der hunderte von

Jahren erhalten blieb, und der Bogen der Völkerfreundschaft. Der Bogen bildet ein Symbol für eine sogenannte Einheit der zwei Völker, also ukrainischer und russischer Bevölkerung. Neben dem Bogen befindet sich eine Aussichtsplattform, von der aus Sie fantastische Panoramen der Hauptstadt Kiew genießen können. Zwischen den Denkmälern entlang der zahlreichen Spazierwege werden Sie sich gut auf einer der vielen Bänke in einer Atmosphäre der Gemütlichkeit und Harmonie erholen können – umgeben von hundertjährigen Linden und Kastanienbäumen und zahlreichen Alleen.

Auf dem Gelände des besagten Parks werden Sie das Gebäude des altertümlichen Wasserturmes vorfinden, welches heutzutage zu einem Wassermuseum umkonstruiert wurde. Das Museum zeichnet sich durch die Veranschaulichung des Wasserkreislaufs aus, so wie dieser in der Natur zu finden ist. Hier wird es für Sie möglich sein, an einer ungewöhnlichen Besichtigung teilzunehmen. Es ist nämlich möglich, den Gletschern beim Tauen zuzusehen, das Speien der Geysire und die Höhle mit den Abtropfsteinen zu besuchen. Sie können sogar in produzierten Regen und Gewitter geraten und sich innerhalb einer ungewöhnlich großen Seifenblase wiederfinden. Am Wochenende lassen viele Familien gern ihre Kinder auf dem Gelände des Marienpalastes auf Ponys reiten. Das ganze universale Erlebnis befindet sich zudem in unmittelbarer Nähe der Metrostation „Arsenalna".

Der Marienpark führt weiter in den Stadtgarten oder in die entgegengesetzte Richtung zum Park des ewigen Ruhms und zum Kiewer Höhlenkloster.

Kreschtschatyk

Laut diverser Angaben ist die Straße Kreschtschatyk mit einer Länge von 1,33 Kilometern die wichtigste und bedeutendste Hauptstraße in Kiew. Der Kreschtschatyk stellt eine Sehenswürdigkeit dar, die das moderne ukrainische Leben am besten widerspiegelt. Sie ist bebaut mit altmodischen sowie auch modernen Gebäuden. Sie führt unter anderem über den gerühmten und historischen Platz der Unabhängigkeit. In der Geschichte der Kiewer Rus war die ukrainische Hauptstadt Kiew unter dem Fürsten Wladimir in drei getrennte, voneinander entfernte Städte unterteilt und wurde erst später durch den Bau der Straße Kreschtschatyk zwischen dem 18. und dem 19. Jahrhundert miteinander verbunden.

Gegenwärtig ist Kreschtschatyk ein obligatorischer Ort. Am Wochenende lässt die Stadtverwaltung die Straße für Autofahrer sperren und kreiert auf diese Weise den Kreschtschatyk in eine Fußgängerzone. Auf dem Kreschtschatyk befinden sich zudem das Hauptpostamt und das Stadtparlament. Dort finden regelmäßig Open-Air-Konzerte sowie jährliche Militärparaden statt, die immer am 24. August, dem Tag der Unabhängigkeit der Ukraine, abgehalten werden. In den Jahren 2013/2014 wurde Kreschtschatyk zu einem der Orte von Zusammenstößen während der Proteste, die auch als Euromaidan oder Revolution der Würde bekannt sind. Bei den Protesten starben dort viele Menschen und viele wurden schwer verletzt.

Kreschtschatyk ist mit vielen Boutiquen, Restaurants und Hotels ausgestattet. In einem der bekanntesten Souvenirläden „Narodniy Dim Ukraine", das sich auch als „das Volkshaus der Ukraine" übersetzen lässt, können Sie eine unglaublich große Auswahl an bestickten trachtvollen Hemden, exklusiven Souvenirs, Keramikgeschirr, Büchern, Ikonen, ukrainischen Kostümen und vielen anderen Geschenken, die die nationale Kultur repräsentieren, von denen die meisten von professionellen Handwerkern handgefertigt werden, finden. Auch die vielen Denkmäler, lustigen Statuen und Fontänen werden Ihren Blick auf sich locken können. Abends erscheint Kreschtschatyk im völlig anderen Licht. Er leuchtet und schimmert in bunten Lichtern, Straßenmusiker unterhalten Spaziergänger, wie sie nur können. Im Großen und Ganzen werden Sie auf dem Kreschtschatyk ein pulsierendes Nachtleben verspüren können.

Wolodymyrkathedrale
Die Wolodymyrkathedrale ist ein zehnjähriger Spenden-finanzierter Bau, der nach mehrmaligen Überarbeitungen des Projekts im Jahr 1886 fertiggestellt wurde. Der Bau dauerte über 20 Jahre, die Innenarbeiten etwa 14 Jahre. Die Kathedrale ist eine der wenigen Kirchen, die zu Zeiten der Sowjetunion nicht zerstört wurde. Ab dem Jahr 1992 ist die 49 Meter hohe Wolodymyrkathedrale zu

der ukrainischen Hauptkathedrale der orthodoxen Kirche geworden. Die gelbliche Kathedrale, mit 7 vergoldeten und blauen Kuppeln, ist von Weitem nicht zu übersehen.

Die Wolodymyrkathedrale ähnelt anfangs einem Museum. Viele dort erhaltene Ikonenbilder wurden von einem berühmten russischen Künstler namens Wiktor Michailowitsch Wasnezow geschaffen. Vor allem ist Wasnezow bekannt als Maler mythologischer und historischer Themen. Die Kathedrale ist zu Ehren des Großfürsten Wladimir benannt worden. Er verbreitete zugleich das Christentum in der Kiewer Rus. In der Kathedrale befindet sich eine Ikone der Taufe der Kiewer Bürger als Andenken an dieses Ereignis. Zudem ist die Kathedrale reich mit Mosaiken und Fresken verziert und im byzantinischen Stil gebaut. Marmor ist das Hauptmaterial, aus dem die zentrale Ikonostase gebaut wurde. Viele Kulturen haben sich an dem Aufbau und Ausbau der Wolodymyrkathedrale beteiligt. Für die Dekoration der Ikonostase und des Bodens wurde mehrfarbiger Marmor speziell aus Italien, Frankreich, Belgien und Spanien geliefert. Die Mosaikarbeiten wurden von Handwerkern aus Venedig ausgeführt und das Besteck für Rituale wurde zu dieser Zeit von einer sehr berühmten Schmuckfirma „Khlebnikov" geliefert.

In der Kathedrale können Sie altertümliche Andenken, also Reliquien der heiligen Barbara, die nach der Vernichtung der Hauptkirche des St. Michael-Klosters in den 30er-Jahren hierher ausgelagert wurden, besichtigen. Die heilige Barbara war eine christliche Jungfrau des 3. Jahrhunderts. Sie wurde der Überlieferung folgend von ihrem eigenen Vater enthauptet, weil sie sich weigerte, ihren Glauben und jungfräuliche Aufopferung an Gott aufzugeben.

Es gibt sogar eine wundersame Ikone der Mutter Gottes. Diese Ikone können Sie auf der rechten Seite des Zentralaltars der Kathedrale finden. Die Wände des Tempels sind mit riesigen Kompositionen zu biblischen Themen geschmückt, die Ihnen gemeinsam die Geschichte der russischen Kirche präsentieren werden. Dort sehen Sie die unzähligen Figuren Heiliger, Märtyrer, Fürsten und heiliger Frauen. Bemerkenswert ist, dass die Wände des Tempels auch historische Handlungen sowie Porträts historischer Persönlichkeiten darstellen. Viele Zeichnungen sind auf einem dunklen Hintergrund gemacht, aber es gibt auch viele

Goldtöne. Zahlreiche Besucher der Kathedrale berichten von spürbaren positiven Energien beim Aufenthalt in der Kathedrale. In der Wolodymyrkathedrale können Sie auch eine Kerze als Andenken an die Verstorbenen, die in Frieden ruhen, oder zum Wohle der Lebenden aufstellen und beten.

Nachdem Sie die Kathedrale besucht haben, empfiehlt es sich, weiter entlang des Taras-Schewtschenko-Boulevards zu schlendern und auf dem Platz gegenüber der Taras-Schewtschenko-Universität eine Pause einzulegen. In der Nähe der Wolodymyrkathedrale und des Taras-Schewtschenko-Boulevards befinden sich zudem der Botanische Garten und nach einem ca. 15-minütigen Marsch das Goldene Tor.

Taras-Schewtschenko-Boulevard
Der Taras-Schewtschenko-Boulevard wurde in den 1830er-Jahren erbaut und ist seit 1919 zu Ehren des bekannten ukrainischen und russischen Dichters, Schriftstellers und Künstlers, Taras Schewtschenko benannt worden. An den Boulevard schließen sich andere historische Straßen an.

Er verläuft bis zum Kiewer Siegesplatz. Unzählige Kastanien- und Pappelbäume wurden nach dem Krieg auf dem Boulevard von Studenten und weiteren Beteiligten gepflanzt. Entlang des Taras-Schewtschenko-Boulevards gibt es eine Hochschule für Kommunikation, eine pädagogische Universität und das Gebäude der medizinischen Universität. Daher wird der Boulevard auch gern als „Studentenboulevard" bezeichnet. Entlang des Taras-Schewtschenko-Boulevards können Sie den großen Zirkus, die Kathedrale von Wolodymyr, den botanischen Garten und den historischen Bessarabischen Markt besichtigen. Auch ältere Gebäude und das neue große Hilton-Hotel können Sie von dem Boulevard aus sehen. In der Mitte gibt es eine große Allee mit Bänken, auf der sich immer gerne Studenten und verliebte Paare oder Touristen nach längeren Besichtigungen niederlassen.

Kiewer Festung
Das historische und architektonische Denkmal (heute ein Denkmalmuseum) „Kiewer Festung" wurde im Jahr 1927 als Zweig des Museums für Geschichte von Kiew gegründet. Die Kiewer

Festung ist die größte Erdfestung in Europa und die zweitgrößte in der Welt. Sie gehörte damals zur westrussischen Befestigungslinie des russischen Reiches. Die Festung sollte das Territorium Russlands gemäß der staatlichen Verteidigungspläne nach der Leibeigenen-Methode schützen. Nach den bedeutendsten Kriegen unserer Geschichte hat die Kiewer Festung Ende des 19. Jahrhunderts an strategischer Bedeutung verloren und wurde für die Bedürfnisse der Armee als Hauptquartier, Lagerhaus, Kaserne und auch als Haftanstalt für Kriminelle genutzt. In der Kiewer Festung wurden zu den Zeiten insgesamt 500 Soldaten und 12 Offiziere untergebracht. Ein wesentlicher Bestandteil der Krankenhausbefestigung der Kiewer Festung wurde im Jahr 1844 als Verteidigungsstruktur im System der neuen Festung errichtet.

Heute umfasst der Hauptfond des Museums rund 17.000 Exponate. Das Museum „Die Kaponniere" auf dem Gelände der Festung wurde der Kiewer Festung gewidmet und stellt einen halb unterirdischen Bau mit dicken Mauern aus Ziegeln und Steinen dar. Die Festung besteht aus 5 separaten Befestigungen. Die Besonderheit ist, dass sie aus vielen in der Umgebung verstreuten

Objekten besteht, da die Festung zu alten Zeiten sehr großflächig war. Daher bietet es sich an, an einer Rundführung teilzunehmen, da viele Objekte weit voneinander entfernt liegen und somit die meisten Objekte schwierig selbst zu finden sind. Die Führungen zeigen sich außerdem sehr informativ und interessant für die Besucher der Kiewer Festung. Auf dem Gelände können Sie Kanonen auf dem Schacht des zweiten Übungsplatzes bei der Krankenhausbefestigung besichtigen. Es bietet sich außerdem ein Ausblick auf den Exerzierplatz und die Brücke vor dem Haupttor an. Ebenso können Sie das ehemalige politische Gefängnis aus dem Jahr 1860 besichtigen.

Auch Zellen und Strafzellen sind noch erhalten. Zudem sind die Fenster mit den Dingen der Gefangenen sowie Uniformen, Waffen und Dokumente, Briefe und natürlich auch die „Todeskutsche", in der die zum Tode Verurteilten abtransportiert wurden, zu sehen. Bei der Todeskutsche geht es auch um den Terroristen Bagrov, der im Jahr 1911 den russischen Ministerpräsidenten Stolypin im Opernhaus vor den Augen der Zarenfamilie erschossen hatte.

Noch überraschender ist die Tatsache, dass das bekannte Kiewer Höhlenkloster ebenfalls zu den Objekten der Kiewer Festung gehört und dies kein gewöhnliches Objekt ist, sondern die Zitadelle, also das Herz der Festung.

Siegesplatz

Der Siegesplatz ist ein wichtiger Verkehrsknotenpunkt der Hauptstadt Kiew im Schewtschenko-Stadtteil. Auf dem Platz war im Jahr 1854 der größte Kiewer Markt und umfunktioniert wurde er erst nach dem Krieg. Der Siegesplatz wurde denn in der Mitte des 19. Jahrhunderts angelegt. Im Jahr 1960 wurde das Gebäude des Nationalzirkus der Ukraine gebaut, der zu dem Zeitpunkt der größte Kuppelbau der Stadt war. Außerdem befinden sich auf dem Siegesplatz ein 17 Stockwerke hohes Hotel namens „Lybid", wo sich die Besucher der Hauptstadt gern niederlassen, sowie das große Kaufhaus „Ukraine". Die Gebäude sind im Stil sowjetischer Architektur gebaut worden. Zudem befindet sich auf dem Siegesplatz ein sehenswerter und einzigartiger Obelisk, der am 40. Jahrestag des Sieges mit einer Höhe von über 40 Metern erbaut wurde.

Expocenter der Ukraine (VDNH)

Das Expocenter der Ukraine wurde in den Jahren 1952–1958 errichtet. Es ist ein internationales Messezentrum und damit auch die einzige staatliche Messegesellschaft der Ukraine. In dem Expocenter werden jährlich an die 80 Messeveranstaltungen, sowohl nationale als auch internationale Fachausstellungen, organisiert. Das Messezentrum verfügt über weitläufige Parks, die der Erholung dienen, und Denkmäler. Mit seinen 171 Hektar Grünflächen und 3,5 Hektar Seen ist das Expocenter auch als Ausflugsziel und zur Veranstaltung von Konzerten geeignet. Insgesamt gibt es auf dem Gebiet 14 Pavillons. In einigen von ihnen finden immer mal Dreharbeiten für Filme und Fernsehsendungen statt, daher sind nicht alle frei zugänglich.

Das Expocenter der Ukraine verfügt über unterschiedliche Möglichkeiten der Freizeitaktivitäten: einen Fahrradverleih, einen riesigen Wald, einen Park und Campingmöglichkeiten. Hier können Sie ebenso Inliner oder Schlittschuhe (zu der dafür vorgesehenen Jahreszeit) fahren. Die Gebäude und Anlaufpunkte sind für die Besucher des Expocenters sowohl in ukrainischer als auch in russischer Sprache ausgeschildert.

Museum für Volksarchitektur und Brauchtum der Ukraine (Pirogovo)

Das Museum für Volksarchitektur und Brauchtum (Pirogovo) wurde im Jahr 1969 gegründet und ist eines der größten Freilicht- und Volkskundemuseen weltweit. Im Jahr 1972 war das Museum noch ein ehemaliges Kirchengebäude der Deutschen Evangelisch-lutherischen Gemeinde gewesen. Etwa 40.000 verzeichnete Einheiten wurden dort gelagert. Der Platz in dem Depotgebäude war aufgrund der wachsenden Sammlung von Zeugnissen zu Lebensweise, Produktion und Kultur, wozu auch zum Beispiel Ikonen und Volksmusikinstrumente gehörten, seit Ende der 80. Jahre unzureichend. Bis ein alternativer Platz gefunden und umgezogen werden konnte, vergingen einige Jahre.

Heute besitzt das Museum eine Sammlung von mehr als 75.000 inventarisierten Einheiten, die sehr interessant anzusehen sind. Dort werden Objekte der dörflichen Lebenswelt, wie Scheunen, Windmühlen, Holzkirchen u. a. gezeigt. Das älteste Objekt ist ein ukrainisches Bauernhaus aus dem Jahr 1587. Einige Holzkirchen werden gelegentlich für Hochzeiten gemietet und in einigen davon regelmäßig Gottesdienste durchgeführt. Die Gebäude sind mit entsprechender Ausstattung, wie Haushaltsgeräten, Möbeln, insbesondere Stickereien und anderen kulturellen Dingen ausgestattet. Auf dem Museumsgelände befinden sich über 300 Exponate aus den verschiedenen Regionen der Ukraine.

Die dort arbeitende Aufsicht trägt typische traditionelle Tracht, die die jeweiligen Regionen der Ukraine repräsentiert. Das Museum verfügt über ein weitläufiges Gelände. Dort werden Unternehmungsmöglichkeiten, wie Kutschfahrten, Pferde- und Fahrradverleih sowie ausgezeichnete Küche im Restaurant mit traditionell zubereiteten ukrainischen Gerichten angeboten. Eine Möglichkeit der angenehmeren Führung bietet sich Ihnen durch die Fahrt mit einem Motor-Zug auf dem Gelände des Museums. Die Atmosphäre der ukrainischen Dörfer in verschiedenen Regionen der

Ukraine und in verschiedenen Zeiträumen wurde eindeutig erfolgreich nachgebildet, so berichten die Besucher des Museums. Des Weiteren können Sie die alten ukrainischen Bräuche sehen und daran sogar teilnehmen. Ihr Spaziergang im Museum Pirogovo wird durch schöne und alte ukrainische Lieder live unter dem Knopfakkordeon aufgeführt und für Sie gesungen.

St. Michaelskloster
Am Rande einer Klippe der Hauptstadt Kiew befindet sich ein funktionierendes Kloster mit der goldenen Kuppel, das St. Michaelskloster. Das Kloster hat über Jahrzehnte hinweg viele Beschädigungen und Diebstähle erlitten, doch wurde es mühsam über Jahrzehnte wieder restauriert und erweitert. In den 30er-Jahren wurde das ursprüngliche Kloster von sowjetischen Behörden abgerissen, doch nach der Unabhängigkeitserklärung der Ukraine wurde es Mitte der 90er-Jahren wiederaufgebaut und eröffnet. Das in der Nähe der Sophienkathedrale gelegene St. Michaelskloster war sogar im 16. Jahrhundert eines der beliebtesten und reichsten Klöster in der Ukraine. Die blauen

Wände des Klosters sind aus der Ferne zu sehen und die goldenen Kuppeln funkeln bei jeder Wetterlage. Die Dimensionen sind beeindruckend, im Inneren befindet sich ein reichhaltiger Altar, schöne Fresken an den Wänden, der Marmorboden funkelt und glänzt. Der Tempel ist bis heute in Betrieb, Gottesdienste werden regelmäßig abgehalten, sodass Sie im Inneren nicht nur Touristen, sondern auch die ukrainischen Anwohner treffen können. Sie haben die Möglichkeit, Zutritt zu dem Glockenturm zu bekommen und den Tempel und die Stadt aus großer Höhe zu bewundern. Obwohl die Dekoration viel Gold enthält, werden Sie sich ruhig und gelassen fühlen, Ruhe und Frieden erleben können.

Im 19. und 20. Jahrhundert haben im St. Michaelskloster rund 240 Mönche gelebt. Nach der Gründung der Kirche im Jahr 2018 wurde das Kloster zum Hauptquartier der orthodoxen Kirche der Ukraine. In der Nähe befinden sich die Standseilbahn und ein schöner und ruhiger Park mit großen und weitläufigen Spielplätzen gegenüber der Sophienkathedrale. Die Spielplätze werden von Großfamilien meist nach Gottesdiensten als Treffpunkt genutzt.

Schokoladenhaus

Das Gebäude wurde ursprünglich zwischen 1899 und 1901 für einen Unternehmer und Kunstmäzen Mohylewzew errichtet. Das Schokoladenhaus ist ein offiziell errichtetes Herrenhaus, dass einem luxuriösen Palast gleicht. Die Benennung hat durch die Oberfläche der Bauglieder, die Schokoladenriegeln ähneln, gewonnen. Der Architekt des Schokoladenhauses, der später auch der Chefarchitekt von Kiew wurde, war V. N. Nikolaev.

Zwischen den 60er- und 80er-Jahren wurde das Gebäude als Standesamt genutzt. Da die Regierung aber von den Feierlichkeiten gestört worden war, wurde an einem anderen Ort speziell ein Standesamt-Gebäude errichtet. In den späteren Jahren wurde das Schokoladenhaus für unterschiedliche Organe genutzt. Dort war die Filiale des Staatssicherheitsdienstes und der Sitz der Gesellschaft für kulturelle Beziehungen mit ausländischen Staaten untergebracht. Gegenwärtig ist dort eine Bildergalerie der Kinder, als Filiale der Kiewer Nationalen Kunstgalerie, die die bedeutendsten Kunstsammlungen der Ukraine besitzt, untergebracht.

Das Schokoladenhaus hat eine sehr auffallende Dominanz von Dunkelbraun und ist daher nicht zu übersehen. Alle Säle in dem Gebäude unterscheidet sich durch unterschiedlichen und individuellen Stil. Einige Säle sind vergoldet und besitzen eine bunte Glasmalerei.

Der größte Saal ist der Weiße Saal. Er ist im Stil des französischen Barocks ausgeführt. Sie werden einige Verzierungen des Fünfrubelscheines der Zarenzeit vorfinden können, die dort dargestellt wurden, außerdem ist in dem Schokoladenhaus ein Paradespeisesaal errichtet. Der Saal ist mit großen Girlanden, die Abbildungen verschiedener Früchte haben, umrahmt. Die Treppe im Haus ist im Stil vom Empire gebaut worden. In dem Großteil der Säle befinden sich riesige, wunderschöne Kronleuchter und Wandleuchter. Es ist sehr empfehlenswert, an einer Führung im eleganten Schokoladenhaus teilzunehmen.

Tschernobyl und Prypjat
Viele Besucher der Ukraine fühlen sich zu einer extremen Führung zum Tschernobyl-Reaktor hingezogen, da die symbolische Katastrophe in vielen Menschen eine morbide Faszination auslöst. Im

Jahr 1986 ereignete sich ein schwerer und zugleich katastrophaler Unfall im Reaktor 4 des großen ukrainischen Atomkraftwerks. Die Besucher des Kraftwerks werden speziell ausgerüstet und dürfen nur wenige Minuten in die Nähe des Reaktors. Über dem betroffenen Reaktor 4 befindet sich seit vielen Jahren bereits zum Schutz vor der Strahlung ein Sarkophag, doch ist es nicht möglich, aufgrund der hohen gesundheitsschädigenden Reaktivität in seine direkte Nähe zu gelangen. Dafür gibt es in einer gewissen Entfernung eine Aussichtsplattform, durch die der Reaktor besichtigt werden kann.

Für die restlichen Reaktoren werden Ihnen bereits kurze Führungen in das Innenleben angeboten. Sie können dort die Technik und Funktionalität des Atomkraftwerkes besichtigen und sich von dem zuständigen Personal erklären lassen, weshalb die Katastrophe zu ihrer Zeit geschehen ist. Leider ist es dort dennoch nicht erlaubt, die Technik zu berühren oder gar verstaubte Dinge anzufassen, da mit dem Staubnebel die radioaktiven Partikel steigen können. Es herrscht ein absolutes Verbot, Ressourcen aus Tschernobyl mitzunehmen. Meist wird sogar empfohlen, das Telefon auszuschalten, um hohe Radioaktivitätsstrahlung zu meiden.

Eine weitere Sehenswürdigkeit für die Besucher von Tschernobyl ist der Ort Prypjat, der an das Tschernobyl-Atomkraftwerk angebunden ist. Die Führung beinhaltet sogar eine Reise an diesen verlassenen Ort. Prypjat ist eine verlassene Stadt und wird auch gern „Geisterstadt" genannt. Die Stadt sollte vor der Katastrophe zum Wohnort der Arbeiter des ersten Atomkraftwerks werden, doch aufgrund der Geschehnisse wurden tausende Menschen aus der Geisterstadt Prypjat an andere Orte und in andere Städte gebracht. Die Tagestouren in die verlassene Stadt sowie in die Sperrzone werden üblicherweise nur mit einem Sammelbus angeboten.

Kiewer Fernsehturm

Der nördlich gelegene Kiewer Fernsehturm wurde im Jahr 1973 fertiggestellt und ist der höchste frei stehende Stahlfachwerkturm der Welt. Dies bedeutet, dass für den 385 Meter hohen Fernsehturm geschraubte Konstruktionen für Freileitungsmasten verwendet wurden, wie z. B. bei dem bekannten Eiffelturm in Paris. Die Bauweise kommt ursprünglich aus 19. Jahrhundert.

Zwar ist der Fernsehturm nicht frei für unbefugte Personen zugänglich, dennoch ist er sichtbar bei einem Spaziergang in dem umliegenden Wäldchen. Der besondere architektonische Charakter des Fernsehturms sind die vier 100 Meter hohen Stützpfeiler und auch das Fehlen von Nieten, also den Verbindungselementen, die üblicherweise benutzt werden. Die gesamte Konstruktion ist geschweißt worden. Empfehlenswert wäre für Sie der abendliche Spaziergang in der Nähe des Fernsehturms, denn dieser leuchtet am Abend in schönen grellen Farben und ist deutlich erkennbar.

Ukraine in Miniatur (Park)
Als Abschluss können Sie das einzigartige Museum besuchen, in dem Sie sich eindeutig fabelhaft fühlen werden. Der Miniaturpark ist in unmittelbarer Nähe des Hydroparks. Das in dem Jahr 2006 eröffnete Museum „Ukraine in Miniatur" scheint auf den ersten Blick winzig zu sein, doch befinden sich dort derzeit über 50 Modelle, darunter der Unabhängigkeitsplatz, Kreschtschatyk sowie das

Goldene Tor und andere Sehenswürdigkeiten Kiews und anderer ukrainischer Regionen in Miniaturgröße.

Bei den Modellen handelt es sich größtenteils um historische und architektonische Denkmäler aus der Hauptstadt Kiew. Auch andere bekannte Sehenswürdigkeiten der anderen Regionen, zum Beispiel der Palast der Krim, haben in dem Miniaturpark ihren Platz gefunden. Um die Modelle spannender zu gestalten, wurde ebenso eine Puppenpopulation aus mehr als 700 Menschen geschaffen und dort platziert. Da der Spaziergang in dem Park eine Weile dauern könnte, bietet sich Ihnen ein Plätzchen zum Ausruhen direkt am Eingang des Parks in einem Café an.

Besonderheiten / Aberglaube der ukrainischen Kultur

Der Aberglaube der ukrainischen Kultur ist sehr vielfältig und ist über Generationen hinweg geschichtlich begründet. Der zentrale Charakter aller ukrainischen Überzeugungen und Zeichen ist der Mensch sowie seine Rolle in der sich schnell und ständig verändernden Welt. Somit sind hier einige wichtige Aufzählungen des abergläubischen Handelns des ukrainischen Volkes aufgelistet.

Kein Händeschütteln und Sachen-Reichen über der Türschwelle. Esoteriker raten sogar davon ab, sich vor der Haustür zu küssen, da somit Beziehungen in die Brüche gehen könnten. Es hat den Hintergrund, dass die Menschen im russischen Reich sich sicher waren, dass man sowohl Glück als auch Wohlstand verlieren kann, wenn man etwas über die Schwelle reicht. Daher wurde der Gast zunächst ins Haus gelassen und im Haus weiter kommuniziert und interagiert. Außerdem sollte man laut Omen nicht auf der Schwelle sitzen. Auf diese Art und Weise würde man Gerüchte über sich anziehen, die sich selbst und der eigenen Familie schaden würden. Also versuchten die Hausbewohner zu alten Zeiten, sich vor bösen Verschwörungen zu schützen.

Unnötige Rückkehr ins Haus bringt Unglück. Es ist nicht ratsam, für etwas zurückzukehren, wenn Sie bereits das Haus verlassen haben. Bei Ihrer Rückkehr wird die Art Ihrer Bewegung vom Positiven ins Negative umgewandelt. Um die Art zu ändern und der Bewegung wieder die richtige

Richtung zu geben, sollten Sie in den Spiegel schauen, sobald Sie das Haus nach einer „unerwünschten" Rückkehr verlassen. Mithilfe des Spiegels ändern Sie die Art Ihrer Bewegung in die entgegengesetzte Richtung.

Dreimal über die linke Schulter spucken. Dieses ungewöhnliche Verhalten hat für die Bevölkerung eine besondere Bedeutung, sodass Sie des Öfteren dieses besondere Handeln von dem ukrainischen Anwohner miterleben werden. So hat man verhindert, dass böse Blicke und Flüche über einen ergehen, wenn man auf dem Weg zum Glücklich-Sein oder Erfolg war. Zudem wird dieses ungewöhnliche Verhalten oftmals erkennbar, wenn Ihnen jemand etwas erzählt, dass er sich vorstellt, also seine Wünsche oder Ihnen selbst etwas Gutes wünscht und nicht möchte, dass es schiefgeht.

Pfeifen schafft Ihnen das Geld aus dem Haus. Man sagt, dass im Eigenheim nicht gepfiffen werden darf, da man ansonsten Geldprobleme bekommt. Bis zum heutigen Tage hält sich die Kultur an das wichtige abergläubische Merkmal. Doch wird sich nicht nur im Eigenheim darangehalten, sondern auch zu Besuch, um schiefe Blicke der Gastgeber zu ersparen.

Nun gelangen wir an die wichtigen und auch tollen Besonderheiten der ukrainischen Kultur, die Sie beachten und nutzen könnten.

Wenn Sie zu Gast bei einer ukrainischen Familie sind, gibt es hier einen großen Begrüßungstipp. Männer werden in der Regel mit einem Handschlag begrüßt. Frauen aber gibt man traditionell nicht die Hand zu Begrüßung. Es sei denn, die Gastgeberin strecken Ihnen selbst ihre Hand aus.

In der gesamten Ukraine werden zudem aus Respekt gegenüber den Gastgebern beim Betreten des Hauses oder der Wohnung die Schuhe ausgezogen. Es wird darauf geachtet, keinen Straßendreck von draußen ins Haus zu bringen.

Sollten Sie Leitungswasser trinken wollen, sollten Sie es vorab kochen, da das Leitungswasser in Kiew und der gesamten Ukraine stark gechlort ist.

Außergewöhnlich ist der Verkauf von Obst, Gemüse und weiteren Lebensmitteln aus dem Eigenanbau am Straßenrand. Der Verkauf erfolgt meist durch ältere Menschen, die Ihren Lebensunterhalt meist im Rentenalter dazu verdienen möchten, denn in der Ukraine sind die Renten so gering, dass viele ältere Menschen nicht von dem gezahlten Geld für sich selbst sorgen können. Die Lebensmittel sind meist gesünder und schmecken natürlicher als die Lebensmittel in einem Supermarkt in der Stadt, da sie nicht mit chemischen Substanzen bearbeitet werden. Außerdem ist empfehlenswert, den Verkauf von „Kwas" (ukrainisches Malzbier) an den Fußgängerzonen zu beachten. Diese sind eindeutig durch die aufgestellten Fässer erkennbar. Verkauft wird meist portionsweise in einem Plastikbecher. Das Getränk ist gekühlt und eignet sich im Sommer bei sehr hohen Temperaturen zum Verzehr als Durstlöscher.

Kiew hat zudem eine sehr ausgeprägte Street-Art-Kultur. Seit dem Jahr 2014 wurden bereits ca. 155 Häuserfassaden der Hauptstadt mit tollen Kunstwerken von über 30 Künstlern verziert. Daher ist es empfehlenswert, beim Spazieren in der Metropole auf seine Umgebung genaustens zu achten.

Die Ukraine besitzt zudem massenweise Straßentiere, wovon meist Katzen und vor allem Hunde im Rudel unterwegs sind. Heutzutage werden die Straßenhunde aufgrund ihrer hohen Anzahl kastriert und mit einer Ohrmarke markiert, doch haben Sie keine Scheu. Die Tiere sind meist friedlich und sehr kommunikativ.

Die Frauen werden gebeten, beim Betreten einer Kirche oder eines Klosters die Schultern, Knie und die Haare mit einem Tuch aus religiösem Respekt zu bedecken.

Aktuell sind die 1, 2 und 5 „Kopijka"-Stücke (Cent) in der Ukraine entwertet. Daher werden die Einkäufe bei ungerader Einkaufssumme auf- oder abgerundet. Beachten Sie daher diese Besonderheit und seien Sie nicht enttäuscht. Die ukrainische Regierung hat vor, nach und nach die „Cent-Stücke" ganz aus dem Umlauf zu nehmen.

Zudem sollte Ihr Geldbeutel genügend Kleingeld für den Erwerb einer Fahrkarte im Falle dessen, dass Sie sich mit öffentlichen Verkehrsmitteln fortbewegen möchten, enthalten. Die Fahrkartenautomaten an den Haltestellen sind nicht auf Scheine ausgerichtet und auch die Schaffner in den öffentlichen Verkehrsmitteln weigern sich gern aus Sicherheitsgründen, große Scheine anzunehmen.

Zu guter Letzt ist auch eine besondere Veranstaltung der ukrainischen Kultur sehr sehenswert: der erste September. In der Ukraine ist der Tag als

Wissenstag bekannt, für die Schüler beginnt das neue Schuljahr. Dieser Tag wird an allen Bildungs- und Schuleinrichtungen besonders gefeiert. Die Schüler versammeln sich vor der Schule, bekleidet in Schuluniform, und stellen sich in eine Reihe. Dies ist ein alter Ritus aus Zeiten der UdSSR. Traditionell trägt ein Abiturient die Erstklässlerin auf seiner Schulter an allen Schülern vorbei, während die Erstklässlerin mit der Glocke in der Hand das erste Läuten abgibt – ein Zeichen für den Beginn des neuen Schuljahres. Ebenso wird derselbe Ritus Ende Mai durchgeführt, als Zeichen für die Abiturienten, dass ihr Schulleben ein Ende nimmt. Die Abiturienten führen in der Regel auf dem Schulgelände einen Walzer vor, der ihr erster Tanz ins erwachsene Leben wird.

Herstellung und Verlag:

BoD – Books on Demand, Norderstedt

ISBN: 9783756217359

© Paula Schultz 2022

1. Auflage

Kontakt: Psiana eCom UG/ Berumer Str. 44/ 26844 Jemgum

Covergestaltung: Fenna Larsson

Coverfoto: depositphotos.com